essentials

Essentials liefern aktuelles Wissen in konzentrierter Form. Die Essenz dessen, worauf es als „State-of-the-Art" in der gegenwärtigen Fachdiskussion oder in der Praxis ankommt. Essentials informieren schnell, unkompliziert und verständlich.

- als Einführung in ein aktuelles Thema aus Ihrem Fachgebiet
- als Einstieg in ein für Sie noch unbekanntes Themenfeld
- als Einblick, um zum Thema mitreden zu können.

Die Bücher in elektronischer und gedruckter Form bringen das Expertenwissen von Springer-Fachautoren kompakt zur Darstellung. Sie sind besonders für die Nutzung als eBook auf Tablet-PCs, eBook-Readern und Smartphones geeignet.

Essentials: Wissensbausteine aus den Wirtschafts, Sozial- und Geisteswissenschaften, aus Technik und Naturwissenschaften sowie aus Medizin, Psychologie und Gesundheitsberufen. Von renommierten Autoren aller Springer-Verlagsmarken.

Vorsatzanfechtung

Tobias Hirte · Karsten Kiesel

Mit Rechtsprechungsregeln
Ansprüche vermeiden, abwehren
und verfolgen

Tobias Hirte
Schultze & Braun
Karlsruhe
Deutschland

Karsten Kiesel
Schultze & Braun
Stuttgart
Deutschland

ISSN 2197-6708
essentials
ISBN 978-3-658-10172-5
DOI 10.1007/978-3-658-10173-2

ISSN 2197-6716 (electronic)

ISBN 978-3-658-10173-2 (eBook)

Die Deutsche Nationalbibliothek verzeichnet diese Publikation in der Deutschen Nationalbibliografie; detaillierte bibliografische Daten sind im Internet über http://dnb.d-nb.de abrufbar.

Springer Gabler

Gedruckt auf säurefreiem und chlorfrei gebleichtem Papier

Springer Fachmedien Wiesbaden ist Teil der Fachverlagsgruppe Springer Science+Business Media
(www.springer.com)

Inhaltsverzeichnis

Einführung 1

Die Insolvenzanfechtung (§§ 129 ff. InsO) gehört zu den typischen Instrumentarien eines Insolvenzverwalters, um durch Massegenerierung die Insolvenzquote zu erhöhen und damit dem Sinn eines jeden Insolvenzverfahrens, nämlich der Gläubigerbefriedigung (§ 1 InsO) zu genügen. Die Vorsatzanfechtung sticht unter den Anfechtungsnormen zunächst deswegen ins Auge, weil die Tatbestandsvoraussetzungen in starkem Umfang subjektive Elemente aufweisen. Darüber hinaus fällt die zeitliche Dimension der Rückwirkung auf. Anfechtbar sind nämlich Rechtshandlungen, die der Schuldner in den letzten 10 Jahren vor dem Antrag auf Eröffnung des Insolvenzverfahrens (oder danach) vorgenommen hat. Gerade diese zeitlichen Dimensionen machen aus der Vorsatzanfechtung ein aus Anfechtungsgegnersicht gefährliches Instrument. Anfechtungsgegner fühlen sich daher im Fall einer Anfechtung gem. § 133 InsO in der Opferrolle, zumal sie normalerweise die ihrerseits geschuldeten Gegenleistungen erbracht haben oder zumindest regelmäßig einen Anspruch auf die angefochtene Leistung besitzen. Die Rechtsprechung des Bundesgerichtshofs wird insbesondere von den typischen Anfechtungsgegnern, nämlich Lieferanten mit langjährigen Lieferbeziehungen, Krankenkassen sowie der Finanzverwaltung als uferlos wahrgenommen. Demgegenüber lässt sich feststellen, dass sich zwischenzeitlich Rechtsprechungsregeln herausgebildet haben. Der Bundesgerichtshof hat seit Inkrafttreten der InsO im Jahr 1999 eine ganze Reihe von Entscheidungen gefällt, die den Nachweis gerade der subjektiven Tatbestandsmerkmale im Rahmen der Vorsatzanfechtung ermöglichen und damit die Anwendung der Vorsatzanfechtung handhabbar machen. Die folgende Darstellung ist insofern eine Momentaufnahme, als die Rechtsprechung im Hinblick auf konkrete Auslegungstendenzen einem laufenden Wandel unterworfen ist.

Seit geraumer Zeit lässt sich ein durchaus starker politischer Druck auf das Instrument der Vorsatzanfechtung feststellen. Verschiedene Interessengruppen, insbesondere aus der Industrie, Lieferanten und Handwerksunternehmen kämpfen

© Springer Fachmedien Wiesbaden 2015
T. Hirte, K. Kiesel, *Vorsatzanfechtung,* essentials,
DOI 10.1007/978-3-658-10173-2_1

dafür, die Vorsatzanfechtung nicht nur unerheblich einzuschränken. In der Folge sieht immerhin der Koalitionsvertrag der aktuellen Bundesregierung[1] vor, die Vorsatzanfechtung auf den Prüfstand zu stellen. Zwischenzeitlich waren die vermeintlichen Pläne, die Anfechtungsmöglichkeiten zu gestalten, auf Eis gelegt worden.[2] Die Rechtspolitiker der beiden Fraktionen und Justizminister Maas konnten sich nicht auf eine einheitliche Linie einigen. Rechtspolitiker halten gleichwohl an den Reformierungsbestrebungen teilweise fest.[3] Jedoch war bereits in der letzten Legislaturperiode die Idee, einen entsprechenden Gesetzesentwurf aus der Mitte des Bundestages einzubringen, nicht umgesetzt worden. Zwischenzeitlich hat das Bundesjustizministerium am 16. März 2015 einen Referentenentwurf eines Gesetzes zur Verbesserung der Rechtssicherheit bei Anfechtungen nach der InsO und nach dem Anfechtungsgesetz[4] vor vorgelegt. Ob und wann Änderungen in Kraft treten, kann nicht mit Sicherheit prognostiziert werden. Folglich behält die Vorsatzanfechtung ihren angestammten Platz im Werkzeugkoffer der Insolvenzverwalter. Inhaltlich und methodisch folgen die nächsten Seiten einer gemeinsamen Vortragsveranstaltung der Autoren.

---

[1] https://www.cdu.de/sites/default/files/media/dokumente/koalitionsvertrag.pdf, S. 19.

[2] FAZ vom 18.10.2014, S. 25.

[3] Winkelmeier-Becker/Heribert Hirte vom 20.10.2014 (https://www.cducsu.de/en/node/103971).

[4] http://www.bmjv.de/SharedDocs/Kurzmeldungen/DE/2015/20150316_Reform_der_Insolvenzanfechtung.html?nn=3433226.

Grundlagen 2

2.1 Allgemeines

Neben dem Schuldner sowie die ein Insolvenzverfahren beaufsichtigenden Beteiligte und Organe (Insolvenzgericht, [vorläufiger] Gläubigerausschuss, Gläubiger[-versammlung]) sind die weiteren Stakeholder bei der Betrachtung der Vorsatzanfechtung von Bedeutung. Dabei handelt es sich neben der Finanzverwaltung, Krankenkassen, Behörden um Kreditinstitute, Kunden/Lieferanten, Vertrags- und Kooperationspartner, Lizenznehmer und -geber, (vor allem Warenkredit-)Versicherungen sowie um Arbeitnehmer, das Management und die Gesellschafter. Damit sind zugleich die potentiellen Anfechtungsgegner umrissen, die von einer Insolvenzanfechtung gem. § 133 InsO betroffen sein können.

Die Möglichkeit zur Insolvenzanfechtung entsteht mit Eröffnung eines Insolvenzverfahrens und damit bei Bestellung eines Insolvenzverwalters. Der Verfahrenseröffnung vorgeschaltet ist das Insolvenzeröffnungsverfahren. Hier lässt sich zum einen die Gutachtensphase identifizieren. Dabei wird ein Sachverständiger durch das Insolvenzgericht beauftragt insbesondere die Fragen zu beantworten, ob die Insolvenzgründe ([drohende] Zahlungsunfähigkeit und/oder Überschuldung) vorliegen und ob die Verfahrenskosten gedeckt sind. Bei laufenden Geschäftsbetrieben werden im vorläufigen Verfahren regelmäßig Sicherungsmaßnahmen angeordnet. Dabei unterscheidet man zwischen der schwachen Insolvenzverwaltung, bei der im Regelfall ein Zustimmungsvorbehalt angeordnet wird, und der starken Insolvenzverwaltung, bei der die Verwaltungs- und Verfügungsbefugnis zugleich auf den vorläufigen Insolvenzverwalter übergeht. Ergänzend können weitere Sicherungsmaßnahmen angeordnet werden, um bis zur Entscheidung über den Antrag eine den Gläubiger nachteilige Veränderung in der Vermögenslage des Schuldners zu verhindern (§ 21 Abs. 1 Satz 1 InsO). An die Verfahrenseröffnung schließt sich der Berichts- und Prüftermin an. Im weiteren Verfahrensablauf werden die

© Springer Fachmedien Wiesbaden 2015
T. Hirte, K. Kiesel, *Vorsatzanfechtung*, essentials,
DOI 10.1007/978-3-658-10173-2_2

Anfechtungsansprüche geltend gemacht sowie (aus-)ermittelt, sofern sie nicht bereits im vorläufigen Insolvenzverfahren dokumentiert worden sind, geltend gemacht werden. Sowohl bei der abweichenden Regelung vom Regelinsolvenzverfahren durch Insolvenzplan (§§ 217 ff. InsO) als auch der Eigenverwaltung (§§ 270 ff. InsO) bleiben die Anfechtungsrechte bestehen. So hat der Sachwalter im Eigenverwaltungsverfahren das alleinige Anfechtungsrecht (§ 280 InsO).

2.2 Anfechtungsnormen

Die allgemeinen Voraussetzungen der Insolvenzanfechtung sind in § 129 InsO normiert, die Gläubigerbenachteiligung. Die speziellen Voraussetzungen schließen sich mit den §§ 130 bis 137 InsO an. Die Rechtsfolgen ergeben sich aus den §§ 143 bis 145 InsO. Weitere wichtige Normen in Bezug auf Gesetzesdefinition und Fristberechnung folgen aus den §§ 138 bis 141 InsO. Der Bargeschäftseinwand, der ebenfalls bei der Vorsatzanfechtung eine Rolle spielen kann, jedoch nur in entsprechender Anwendung, ist in § 142 InsO normiert. Die Verjährung des Anfechtungsrechts ergibt sich aus § 146 InsO iVm. §§ 194 ff. BGB. Die Zahlungsunfähigkeit ist in § 17 InsO definiert. Die Zahlungsunfähigkeit ist ein zentraler Anknüpfungspunkt im Rahmen der Prüfung, ob die Voraussetzungen der Vorsatzanfechtung gegeben sind. Im Rahmen des Aufrechnungsausschlusses gem. § 96 Abs. 1 Nr. 3 InsO kann auch die Vorsatzanfechtung eine Rolle spielen. Neben der Anfechtung wegen vorsätzlicher Benachteiligung gem. § 133 InsO existieren weitere Anfechtungsnormen. Genannt werden müssen die kongruente und inkongruente Deckungsanfechtung gemäß § 130 bzw. § 131 InsO sowie die – in der Praxis allerdings selten relevante – Anfechtung von unmittelbar nachteiligen Rechtshandlung gem. § 132 InsO. Diese Anfechtungen reichen bis zu drei Monaten vor Insolvenzantragstellung zurück. Die Anfechtung wegen unentgeltlicher Leistung gem. § 134 reicht bereits bis zu vier Jahre zurück. Die Anfechtung von Sicherheiten für Gesellschafterdarlehen gem. § 135 InsO reicht ebenfalls bis zu 10 Jahre zurück.

2.3 Allgemeine Voraussetzungen

2.3.1 Insolvenzeröffnung und Anfechtungsbefugnis

Jeder Anspruch aus Insolvenzanfechtung entsteht erst mit Eröffnung des Insolvenzverfahrens. Vor der Insolvenzeröffnung können zu Gunsten einzelner Gläubiger die Regelungen des Anfechtungsgesetztes (AnfG) Anwendung finden. Die

Erwägungen zur Vorsatzanfechtung finden für die Regelungen nach dem AnfG dem Grunde nach Anwendung. Die vorsätzliche Benachteiligung ist dort in § 3 AnfG geregelt. Selbst bei Anordnung eines vorläufigen Insolvenzverfahrens liegt die Anfechtungsbefugnis (noch) nicht beim vorläufigen Verwalter. Die Anfechtungsbefugnis für die Insolvenzanfechtung nach den § 129 ff. InsO liegt beim Insolvenzverwalter, und zwar nunmehr auch bei Verbraucherinsolvenzverfahren. Die bisher für Verbraucherinsolvenzverfahren anwendbare Regelung des § 313 ist ab dem 1. Juli 2014 gestrichen worden.

2.3.2 Rechtshandlung

Erforderlich ist nach dem für alle Insolvenzanfechtungsnormen anwendbare § 129 InsO zunächst eine Rechtshandlung. Der Begriff Rechtshandlung ist sehr weit auszulegen und umfasst Willenserklärungen, Tun, Unterlassen, Realakte, Erfüllungen und Ähnliches. Hierunter fällt beispielsweise Bierbrauen (BGH, Urteil vom 9. Juli 2009 – IX ZR 86/08), da der Fiskus am Bier ein Pfandrecht erlangt. Gleiches gilt für das Werthaltigmachen von Sicherheiten, insbesondere von rechtlich bereits zuvor entstandenen Forderungen (BGH, Urteil vom 26. Juni 2008 – IX ZR 144/05). Grundsätzlich können nach den Vorschriften der §§ 129 ff. InsO auch Handlungen Dritter anfechtbar sein. Im Rahmen der Vorsatzanfechtung ist aber eine Rechtshandlung des Schuldners. Sofern der vorläufige Insolvenzverwalter an den Handlungen des Schuldners beteiligt war, kommt eine Anfechtbarkeit dem Grunde nach zwar in Betracht (BGH, Urteil vom 9. Dezember 2004 – IX ZR 108/04). Sie scheidet jedoch dann aus, wenn der vorläufige Insolvenzverwalter einen Vertrauenstatbestand geschaffen hatte. Besondere Vorsicht ist für Lieferanten beim Ausnutzen einer starken Position angezeigt, v. a. wenn die Weiterbelieferung von der (nicht zulässigen) Zahlung auf Altverbindlichkeiten abhängig gemacht wird, also von Zahlungen auf Forderungen, die nach dem Insolvenzregime als Insolvenzforderungen nur zur Insolvenztabelle angemeldet werden können. Werden solche Zahlungen im vorläufigen Verfahren erbracht, ist die spätere Anfechtung häufig möglich.

2.3.3 Maßgeblicher Zeitpunkt

Eine Rechtshandlung gilt als in dem Zeitpunkt vorgenommen, in dem die rechtlichen Wirkungen eintreten, § 140 InsO. Bei Registereintragungen kommt es dabei gem. § 140 Abs. 2 InsO auf die (für den späteren Schuldner unwiderrufliche) Antragstellung an. Beispiel hierfür ist der Eintragungsantrag gegenüber dem

Grundbuchamt, wofür der Eingang des vom späteren Schuldner nicht widerrufbaren Antrags im Regelfall ausreichen wird.

Die Einordnung des für die Anfechtung maßgeblichen Zeitpunktes ist häufig bei Zwangsvollstreckungsmaßnahmen wichtig. Bei der Pfändung einer offenen Kreditlinie ist der Darlehensabruf durch den Schuldner als Kontoinhaber relevant (BGH, Urteil vom 9. Juni 2011 – IX ZR 179/08). Bei der Pfändung von bestehenden Bankguthaben kommt es auf die Wirksamkeit, also die Zustellung der Hauptpfändung an. Die Zustellung der Vorpfändung ist nicht relevant (BGH, Urteil vom 23. März 2006 – IX ZR 116/03). Werden künftige Bankguthaben gepfändet, so kommt es auf die Entstehung des Auszahlungsanspruch bzw. Guthabens, also die Gutschrift des Zahlungseingangs an (BGH, Urteil 20. März 2003 – IX ZR 166/02). Bei Scheckzahlung kommt es auf die Einreichung an (BGH, Urteil vom 14. Mai 2009 – IX ZR 63/08). Die Erstellung des Abschlusssaldos ist relevanter Zeitpunkt bei der vorausgepfändeten Kontokorrentforderung (BGH, Beschluss vom 18. März 2010 – IX ZR 111/08).

Im Falle einer Aufrechnung kommt es auf die Begründung der Aufrechnungslage an und gerade nicht auf den Zeitpunkt der Aufrechnungserklärung (BGH, Urteil vom 30. Juli 2011 – IX ZR 155/08). Ausnahmen gelten jedoch bei Konzernverrechnungsklauseln (BGH, Urteil vom 10. Dezember 2009 – IX ZR 1/09).

2.3.4 Berechnung der Anfechtungszeiträume

Bei der Fristberechnung gem. § 139 InsO ist grundsätzlich der erste zulässige und begründete Insolvenzantrag maßgeblich. Nur bei zwischenzeitlicher Behebung des Insolvenzgrundes wird ein früherer Antrag nicht berücksichtigt. Die Berücksichtigung ist aber ggfs. selbst dann möglich, wenn ein Antrag mangels Masse abgewiesen wird. Jedoch ist ein erledigter oder zurückgenommener Antrag in keinem Fall mehr relevant (BGH, Urteil vom 15. November 2007 – IX ZR 212/06).

2.3.5 Objektive Gläubigerbenachteiligung

Eines der zentralen Elemente der Insolvenzanfechtung stellt die objektive Gläubigerbenachteiligung dar, die nach § 129 InsO bei jeder Anfechtung gegeben sein muss.[1] Grundsätzlich ist die mittelbare Gläubigerbenachteiligung ausreichend. Hierfür sind die Verhältnisse in der letzten mündlichen Verhandlung in

---

[1] Instruktiv dazu Kreft, KTS 2012, 405 ff.

der Tatsacheninstanz des Anfechtungsprozesses maßgeblich. Damit können selbst Wertsteigerungen von anfechtbar übertragenen Gegenständen im Anfechtungsprozess eine Gläubigerbenachteiligung begründen. Im Rahmen des § 133 Abs. 2 InsO wird jedoch die unmittelbare Gläubigerbenachteiligung vorausgesetzt. Diese Benachteiligung muss bereits zum Zeitpunkt nach § 140 InsO gegeben sein. Gläubigerbenachteiligung tritt dann ein, wenn die Insolvenzmasse durch eine Rechtshandlung verkürzt wird, sodass sich die Befriedigungsmöglichkeiten der Insolvenzgläubiger ohne die Handlung bei wirtschaftlicher Betrachtungsweise günstiger gestaltet hätten (BGH, Urteil vom 11. Januar 2007 – IX ZR 31/05). Dabei reicht es neben der Verkürzung der Aktivmasse aus, wenn der Zugriff auf das schuldnerische Vermögen vereitelt, erschwert oder verzögert wird. Wesentlich dabei ist, dass auch die Mehrung der Passivmasse gläubigerbenachteiligend sein kann, beispielsweise durch schuldbefreiende Übernahme von Verbindlichkeiten (vgl. BGH, Urteil vom 29. November 2007 – IX ZR 121/06). Werden Zahlungen an den Anfechtungsgegner von einem debitorischen Bankkonto des Schuldners ausgeführt, soll dies für eine Gläubigerbenachteiligung ausreichen werden, wofür lediglich eine geduldete Überziehung ausreichend ist, sodass eine Pfändbarkeit des erlangten Betrages nicht erforderlich ist (BGH, Urteil vom 6. Oktober 2009 – IX ZR 191/05). Demgegenüber ist die Übertragung eines wertausschöpfend belasteten Gegenstandes, beispielsweise einer mit valutierenden Grundpfandrechten bis zum Verkehrswert belasteten Immobilie, nicht gläubigerbenachteiligend (BGH, Urteil vom 23. November 2011 – IX ZR 126/03). Die nachträgliche Beseitigung der Belastung durch den Schuldner ist dann freilich gläubigerbenachteiligend (BGH, Urteil vom 19. Mai 2009 – IX ZR 129/06). Beim Bewertungsmaßstab ist im Rahmen der §§ 129 ff. InsO auf den Marktwert abzustellen (BGH, Urteil vom 18. Dezember 2008 – IX ZR 79/07), jedoch bei Fällen nach dem AnfG auf den Versteigerungswert (BGH, Urteil vom 19. Mai 2009 a. a. O.). Leistungen Dritter sind grundsätzlich nicht gläubigerbenachteiligend (BGH, Beschluss vom 16. Oktober 2008 – IX ZR 147/07). Dies gilt jedoch nicht, sofern Forderungen des Schuldners gegen Dritte erfüllt werden und die Forderung insofern untergeht (BGH, Urteil vom 7. Februar 2002 – IX ZR 115/99). Dabei ist zu unterscheiden. Eine Zahlung eines Dritten auf Kredit lässt die Gläubigerbenachteiligung ausscheiden, da keine Zugriffsmöglichkeiten auf diese Mittel bestehen. Erfolgt allerdings die Zahlung auf Schuld, also in Erfüllung einer Verbindlichkeit des Zahlenden, liegt eine objektive Gläubigerbenachteiligung vor, da die Forderung des Schuldner gegen den Zahlenden verlustig geht (vgl. BGH, Urteil vom 21. Juni 2012 – IX ZR 50/11).

2.3.6　Zur (drohenden) Zahlungsunfähigkeit und ihrer Bedeutung

Die Zahlungsunfähigkeit (§ 17 InsO) bzw. die drohende Zahlungsunfähigkeit (§ 18 InsO) stellen in der Praxis wichtig Faktoren für die Vorsatzanfechtung dar. Ihr Vorliegen hat erhebliche Auswirkungen auf die Nachweisbarkeit der Tatbestandsmerkmale. Formell lässt sich zwar kein Hinweis auf dieses Merkmal im Gesetz feststellen. Nur im Rahmen der Indizienregel in § 133 Abs. 1 Satz 2 InsO wird darauf abgestellt. Jedoch ist Zahlungsunfähigkeit und die Kenntnis davon beim Anfechtungsgegner Dreh- und Angelpunkt nahezu eines jeden Vorsatzanfechtungsprozesses. Der Vorsatzanfechtungsprozess ist nämlich ein Indizienprozess. Die inneren Tatbestandsmerkmale des Anfechtungsgegners sowie Schuldners sind folglich keinem unmittelbaren Beweis zugänglich. Deshalb werden die (drohende) Zahlungsunfähigkeit und die Kenntnis davon als Indizien für die inneren (subjektiven) Tatbestandsmerkmale angesehen.

Nach der 10 %-Rechtsprechung ist für die Feststellung der Zahlungsunfähigkeit eine Liquiditätsbilanz zu erstellen (BGH, Urteil vom 25. April 2004 – IX ZR 123/04). Beträgt die innerhalb von drei Wochen nicht zu beseitigende Liquiditätslücke nämlich 10 % oder mehr, ist regelmäßig von Zahlungsunfähigkeit auszugehen, sofern nicht ausnahmsweise mit an Sicherheit grenzender Wahrscheinlichkeit zu erwarten ist, dass die Lücke demnächst vollständig oder fast vollständig beseitigt wird und den Gläubigern ein Zuwarten nach den besonderen Umständen des Einzelfalls zuzumuten ist. Beim Liquiditätsstatus sind auf der Passivseite fällige, nicht gestundete und ernsthaft eingeforderte Verbindlichkeiten einzustellen, auch bei erzwungenen Stundungen oder resignierendem Nichtstun (BGH, Urteil vom 14. Mai 2009 – IX ZR 63/08). Liegt ein Bescheid der Finanzverwaltung mit Aussetzung der Vollziehung vor, so sind diese Verbindlichkeiten als nicht fällig zu betrachten (BGH, Urteil vom 22. Mai 2014 – IX ZR 05/13). Als Faustformel lässt sich formulieren, dass ein erkennbares (beweisbares) und freiwilliges Entgegenkommen des Gläubigers aus Sicht des Anfechtungsgegners für den Entfall der insolvenzrechtlichen Fälligkeit genügt, eine bloße Vollstreckungsvereinbarung allerdings nicht. Auf der Aktivseite im Rahmen des Liquiditätsstatus sind Bar- und Buchgeld, offene Kreditlinien und kurzfristig liquidierbare Vermögensbestandteile zu berücksichtigen, außerdem erwartete Zahlungseingänge in den nächsten drei Wochen (Aktiva II) sowie kurzfristig erlangbare Kreditmittel, selbst wenn sie nicht in Anspruch genommen sind. Gleiches gilt für ein Stand-still bzw. (echte) Stundungen und die Ausweitung der Kreditlinie. Die Nachweisführung für das Vorliegen der Zahlungsunfähigkeit kann auch über die Insolvenztabelle erfolgen. Dabei ist auf die zum fraglichen Zeitpunkt auf fällige Verbindlichkeiten abzustellen, die bis

zur Verfahrenseröffnung nicht mehr beglichen worden sind. Kann der Insolvenzverwalter solche durchgehend fälligen Verbindlichkeiten nachweisen, ist regelmäßig von der Zahlungsunfähigkeit zu diesem Zeitpunkt ausgegangen werden kann
(BGH, Urteil vom 12. Oktober 2006 – IX ZR 228/03). Den Anfechtungsgegner
trifft dann die Darlegungs- und Beweislast dafür, dass entweder die Zahlungen
wieder aufgenommen worden sind, oder dass aufgrund konkreter Umstände, die
sich nachträglich geändert haben können, damals angenommen werden konnte,
dass der Schuldner rechtzeitig in der Lage ist, die Verbindlichkeiten zu bedienen
(BGH, Urteil vom 12. März 2012 – IX ZR 239/09).

Jedenfalls dann, wenn der Schuldner seine Zahlungen gemäß § 17 Abs. 2 InsO
eingestellt hat, besteht eine Regelvermutung der Zahlungsunfähigkeit. Dies hat der
Tatrichter anhand etwaiger Indizien gem. § 286 ZPO zu würdigen. Dabei muss
sich für die beteiligten Verkehrskreise der berechtigte Eindruck aufdrängen, dass
der Schuldner nicht in der Lage ist, seine fälligen Zahlungspflichten zu erfüllen
(BGH, Urteil vom 12. Oktober 2006 – IX ZR 228/03). Die Nichtzahlung eines
erheblichen Teil der fälligen Verbindlichkeiten reicht für die Zahlungseinstellung
aus (BGH, Urteil vom 21. Juni 2007 – IX ZR 231/09). Das kann selbst dann angenommen werden, wenn die noch geleisteten Zahlungen beträchtlich sind, diese jedoch im Verhältnis zu den fälligen Verbindlichkeiten nicht den wesentlichen
Teil ausmachen (BGH, Urteil vom 11. Februar 2010 – IX ZR 104/07). Auch die
Nichtzahlung einer einzigen Verbindlichkeit kann ausreichen, wenn die Höhe nicht
unbeträchtlich ist (BGH, Urteil vom 30. Juni 2011 – IX ZR 134/10). Indizien für
die Feststellung der Zahlungseinstellung sind eigene Erklärungen des Schuldners,
Verbindlichkeiten nicht begleichen zu können (BGH, Urteil vom 4. Oktober 2001
– IX ZR 81/99), schleppende Zahlung von Löhnen, Steuern und Sozialabgaben
über einen längeren Zeitraum (BGH, Urteil vom 28. April 2009 – II ZR 51/7),
rückständige Sozialversicherungsbeiträge oder Steuerrückstände (BGH Urteil vom
13. April 2006 – II ZR 118/04), Häufung von Zwangsvollstreckungsmaßnahmen in
das Schuldnervermögen (BGH, Urteil vom 13. April 2006 – II ZR 118/04) sowie
die Schließung des Geschäftsbetriebs ohne ordnungsgemäße Abwicklung. Weitere
Indizien sind Rückschecks und Rücklastschriften mangels Deckung (BGH, Urteil
vom 30. Juni 2011 – IX ZR 134/10) und das ersichtliche Operieren am finanzwirt-
schaftlichen Abgrund durch Schieben von Verbindlichkeiten (BGH, Urteil vom 18.
Juli 2013 – IX ZR 143/12). Demgegenüber ist eine reine Zahlungsunwilligkeit we-
der für den Nachweis der Zahlungsunfähigkeit noch der Kenntnis erheblich (BGH,
Urteil vom 15. März 2013 – ZR 239/09).

Diese Indizien können einzeln oder in ihrer Gesamtheit zur Vermutung für den
Eintritt der Zahlungsunfähigkeit führen. Dem Anfechtungsgegner ist es gleichwohl
möglich, einen Nachweis darüber zu führen, dass die Deckungslücke weniger als

10 % betragen hat und daher nur eine vorübergehende Zahlungsstockung vorlag (BGH, Urteil vom 30. Juni 2011 – IX ZR 134/10). Die Kenntnis der Indizien für eine Zahlungseinstellung begründen im Regelfall ein Indiz für die Kenntnis von der Zahlungsunfähigkeit beim Anfechtungsgegner (BGH, Urteil vom 19. Mai 2011 – IX ZR 9/10). Die Wiedererlangung der Zahlungsunfähigkeit erfolgt nur bei allgemeiner Wiederaufnahme der Zahlungen. Das ist vom Anfechtungsgegner nachzuweisen (BGH, Urteil vom 15. März 2012 – IX ZR 239/09). Das gilt auch bei Zustimmung zur Ratenzahlungsvereinbarung (BGH, Urteil vom 6. Dezember 2013 – IX ZR 3/12). Die Kenntnis der Zahlungsunfähigkeit entfällt bei Nachweis des Bekanntwerdens neuer Tatsachen, die objektiv geeignet waren, zur Ansicht zu gelangen, nun sei der Schuldner wieder zahlungsfähig. Ernsthafte Zweifel am Fortbestehen der Zahlungsunfähigkeit genügen zugunsten des Anfechtungsgegners regelmäßig (BGH, Urteil vom 27. März 2008 – IX ZR 98/07).

2.4 Rechtsfolgen der Anfechtung und Anspruchsgegner

Die Rechtsfolgen einer Insolvenzanfechtung ergeben sich aus §§ 143 ff. InsO. Im Kern geht es darum, die Vermögensminderung bzw. Ausweitung der Passivseite rückabzuwickeln. Dabei ist die Rückgewähr des betroffenen Vermögensgegenstandes vorrangig. Ist eine Rückgewähr nicht möglich, erfolgt Wertersatz. In beiden Fällen sind Nutzungen herauszugeben. Das betrifft sowohl die Verzinsung, die bei Geldleistung ab Verfahrenseröffnung mit 5 Prozentpunkten über dem Basiszinssatz zu erfolgen hat (BGH, Urteil vom 26. Juni 2008 – IX ZR 47/05), als auch bis Verfahrenseröffnung die Verzinsungspflicht in Höhe der ersparten bzw. gezogenen Zinsen (BGH, Urteil vom 24. Mai 2012 – IX ZR 125/11).

Als Rechtsfolge lebt die Forderung gem. § 144 Abs. 1 InsO wieder auf. Die Forderung, die der Insolvenzgläubiger zur Masse zurück zu gewähren hat, können zur Insolvenztabelle angemeldet werden. Dabei leben die Sicherheiten des Anfechtungsgegners wieder auf (vgl. bereits RG, Urteil vom 10. März 1888 – V 332/87). Daraus erklärt sich auch, dass bei werthaltigen Schuldnersicherheiten grundsätzlich keine objektive Gläubigerbenachteiligung gegeben ist. Das Wiederaufleben von Forderungen erfolgt auch gegenüber einem Dritten im Dreipersonenverhältnis (BGH, Urteil vom 22. November 2012 – IX ZR 22/12).

Anfechtungsgegner ist, wer aus dem Vermögen des Schuldners etwas erlangt hat (§ 143 Abs. 1 InsO), ggfs. auch der Rechtsnachfolger (§ 145 InsO). Bei einer Doppelwirkung der Leistung zugunsten eines Empfängers und eines Dritten können beide als Gesamtschuldner in Anspruch genommen werden (BGH, Urteil vom 29. November 2007 – IX ZR 165/05). Das gilt zum Beispiel bei einer Bank im

Zusammenhang mit Werthaltigmachen sowie einem Auftraggeber der Leistung. Allerdings ist ein Gesamtschuldnerausgleich im Verhältnis Bank-Auftraggeber möglich. Auch bei Zahlung des Schuldners an Inkassounternehmen gegenüber dem ursprünglichen Forderungsinhaber kommt eine Anfechtung in Betracht (BGH, Urteil vom 3. April 2014 – IX ZR 201/14). Eine Vorsatzanfechtung kommt auch gegenüber dem Leistungsmittler bei mittelbarer Zuwendung in Betracht (BGH, Urteil vom 26. April 2012 – IX ZR 74/11). Das kommt beispielsweise vor, sofern der Schuldner Zahlungen von seinem Bankkonto nur noch nach Einzelabstimmung mit seiner Bank veranlassen kann, sodass es zu einer Einzelüberweisung an einen Gläubiger kommt. In einem solchen Fall ist auch eine Anfechtung gegenüber der Bank denkbar. In der Folge ist es in jedem Fall angezeigt, aus Sicht eines Kreditinstitutes als bloße Zahlstelle zu fungieren. Abgestimmtes Zahlungsverhalten oder selbständige Zahlungsabwicklungen dürften anfechtbar sein.

Zur Verjährung des Anfechtungsanspruchs gem. § 146 InsO lässt sich feststellen, dass die regelmäßige Verjährungsfrist gilt. Die dreijährige Verjährungsfrist beginnt gem. § 199 BGB mit Schluss des Jahres, in dem der Anspruch entstanden ist (Insolvenzeröffnung) und Kenntnis oder grob fahrlässiger Unkenntnis der anspruchsbegründenden Umstände. Dabei ist die Kenntnis des Schuldners dem Insolvenzverwalter nicht zuzurechnen. Es ist lediglich in Erwägung zu ziehen, dass den Insolvenzverwalter ein Organisationsversagen trifft, sofern er ermittelbare Anfechtungsansprüche auf vorwerfbare Art und Weise nicht innerhalb der Anfechtungsfrist geltend macht. Werden Anfechtungsansprüche jedoch danach aufgedeckt, ohne dass der Insolvenzverwalter Kenntnis davon erlangen konnte, so trifft ihn kein Verschulden. Eine Verjährung kann mithin nicht laufen. Gem. § 146 Abs. 2 InsO besteht für den Verwalter ein Leistungsverweigerungsrecht, sofern der Anfechtungsanspruch verjährt ist, der Anfechtungsgegner jedoch etwas zur Masse schuldet.

Das Anfechtungsrecht besteht nur im laufenden Insolvenzverfahren. Die Aufhebung des Insolvenzverfahrens schließt die Prozessführungsbefugnis für neue Prozesse aus (BGH, Urteil vom 10. Dezember 2009 – IX ZR 206/08). Mit Planbestätigung und Verfahrensaufhebung verliert der Verwalter grundsätzlich die Anfechtungsbefugnis. Im gestaltenden Planteil kann dieser Grundsatz nach § 259 Abs. 3 InsO durchbrochen werden. Er setzt allerdings Rechtshängigkeit der Anfechtungsklage voraus, Anhängigkeit reicht nicht, auch Rechtsmittel gegen den Aufhebungsbeschluss helfen nicht (BGH, Urteil vom 11. April 2013 – IX ZR 122/12).

Tatbestandsmerkmale der Vorsatzanfechtung

3

Die Tatbestandsmerkmale des § 133 setzen sich aus der objektiv gläubigerbenachteiligenden Rechtshandlung des Schuldners, dem 10-Jahreszeitraum, dem Vorsatz des Schuldners, seine Gläubiger zu benachteiligen, und die Kenntnis von diesem Vorsatz beim Anfechtungsgegner voraus.

3.1 Rechtshandlung des Schuldners

Eine Rechtshandlung des Schuldners ist ein eigenes, willengeleitetes Handeln des Schuldners. Die Duldung einer (angedrohten) Zwangsvollstreckungsmaßnahme reicht nicht aus (Urteil vom 10. Februar 2005 – IX ZR 211/02). Entscheidend ist insofern, ob jegliches selbstbestimmtes Handeln des Schuldners ausgeschaltet ist. So ist bspw. die Teilzahlung zur Vermeidung einer Pfändung ebenso eine Rechtshandlung wie die Ratenzahlung an ein Vollstreckungsorgan. Gleiches gilt für eine Zahlung, die ein Debitor des Schuldners auf dessen Weisung und zwecks Begleichung eigener Verbindlichkeiten des Debitors gegenüber dem Schuldner an den späteren Anfechtungsgegner vornimmt. Auch die behandelnde Tätigkeit eines später insolventen Zahnarztes ist eine Handlung des Schuldners, selbst wenn damit Forderungen erwirtschaftet werden, die einer Globalzession unterfallen (OLG Frankfurt/Main, Urteil vom 31. August 2013 – 19 U 80/13). Keine Rechtshandlung des Schuldners ist es, wenn dieser bei gepfändeten Konten die Eröffnung eines neuen Kontos und Umleitung von Zahlungseingängen auf ein neu eingerichtetes Guthabenkonto unterlässt (BGH, Urteil vom 16. Januar 2014 – IX ZR 31/12). Zu solchen Maßnahmen kann aber die Geschäftsführung einer haftungsbeschränkten Gesellschaft zur Vermeidung eines Erstattungsanspruchs bei Insolvenzreife verpflichtet sein.

© Springer Fachmedien Wiesbaden 2015
T. Hirte, K. Kiesel, *Vorsatzanfechtung*, essentials,
DOI 10.1007/978-3-658-10173-2_3

3.2 Benachteiligungsvorsatz des Schuldners

Beim Tatbestandsmerkmal Benachteiligungsvorsatz ist keine Benachteiligungs-
absicht erforderlich. Bedingter Vorsatz mit billigender Inkaufnahme der Benachteiligung reicht aus. Auch eine kongruente Deckung, also z. B. eine Zahlung auf
eine Rechnung bei Fälligkeit, kann mit Benachteiligungsvorsatz erfolgen. Es ist
auch kein unlauteres Handeln des Schuldners oder des Anfechtungsgegners erforderlich. Ausreichend ist, wenn dem Schuldner bewusst ist, dass einige seiner
(künftigen) Gläubiger leer auszugehen drohen und er trotzdem handelt. Ob bereits
Gläubiger vorhanden sind, spielt dabei keine Rolle. Nimmt der Schuldner eine Benachteiligung der übrigen Gläubiger in Kauf, um eine drohende Zwangsmaßnahme
abzuwenden, so reicht dies für die Annahme des Gläubigerbenachteiligungsvorsat-
zes (BGH, Urteil vom 29. November 2007 – IX ZR 121/06 sowie Urteil vom 19.
April 2007 – IX ZR 59/06).

3.3 Kenntnis des Anfechtungsgegners

Die Kenntnis vom Benachteiligungsvorsatz beim Schuldner durch den Anfechtungsgegner ist als echter Vollbeweis im Prozess faktisch unmöglich. Der Beweis für innere Tatsachen einer Person lässt sich grundsätzlich nur durch Zeugen
führen. Der Anfechtungsgegner als Partei ist insofern kein tauglicher Zeuge. Das
Gesetz (§ 133 Abs. 1 Satz 2 sowie § 133 Abs. 2 InsO) und daraus ableitend die
höchstrichterliche Rechtsprechung haben jedoch Beweisanzeichen und Regeln
zum Indizienbeweis geschaffen. Der BGH lässt dabei eine typisierende und gene-
ralisierende Betrachtung objektiver Vorgänge im Hinblick auf die Kenntnis vom
schuldnerischen Benachteiligungsvorsatz zu (BGH, Urteil vom 19. September
2013 – IX ZR 4/13). Nach dem Gesetzeswortlaut tritt eine Beweislastumkehr ein,
sofern der Anfechtungsgegner Kenntnis von der drohenden Zahlungsunfähigkeit
und von der Gläubigerbenachteiligung hat, § 133 Abs. 1 Satz 2 InsO. Eine Beweislastumkehr lässt sich ebenfalls bei nahestehenden Personen als Anfechtungsgegner feststellen (§ 133 Abs. 2 i. V. m. § 138 InsO). Daneben hat der Bundesgerichtshof tatsächliche Beweisanzeichen bzw. typische Indizien für das Vorliegen
der subjektiven Voraussetzungen der Vorsatzanfechtung entwickelt. Als wichtige
Indizien im Hinblick auf die Kenntnis des Anfechtungsgegners sind Kenntnis von
der (mindestens drohenden) Zahlungsunfähigkeit sowie die Inkongruenz der an-
gefochtenen Leistung anzusehen. Können solche Indizien vom Insolvenzverwalter nachgewiesen werden, sind die Voraussetzungen sowohl für den Vorsatz des
Schuldners als auch für die Kenntnis beim Anfechtungsgegner anzunehmen. Bei

der Beweislastumkehr gem. § 133 Abs. 1 Satz 2 InsO ist insbesondere dann von der Kenntnis des Anfechtungsgegners auszugehen, wenn bspw. ein Stillhalteabkommen mit Ratenzahlung durch den Anfechtungsgegner abgeschlossen wird (BGH, Urteil vom 20. Dezember 2007 – IX ZR 93/06). Gleiches gilt für Verbindlichkeiten in beträchtlichem Umfang beim Anfechtungsgegner, die durch den Schuldner über einen längeren Zeitraum nicht ausgeglichen werden und der Anfechtungsgegner Kenntnis von weiteren Gläubigern mit ungedeckten Forderungen hat (BGH, Urteil vom 13. Mai 2004 – IX ZR 190/03). Dabei sind wahrscheinliche Verbindlichkeiten bei drohender Zahlungsunfähigkeit einzubeziehen (BGH, Urteil vom 5. Dezember 2013 – IX ZR 93/11). Für die Kenntnis der gläubigerbenachteiligenden Wirkung genügt regelmäßig die Kenntnis des Anfechtungsgegners davon, dass der Schuldner unternehmerisch tätig ist. Im Regelfall liegt dann die Benachteiligung weiterer Gläubiger vor (BGH, Urteil vom 15. März 2012 – IX ZR 239/09). Bei einer nahestehenden Person (§ 138 InsO) besteht im Zweijahreszeitraum eine Beweislastumkehr, sofern eine unmittelbare Gläubigerbenachteiligung sowie ein entgeltliches Vertragsgeschäft gegeben sind. Der Anfechtungsgegner hat dann den Nachweis für den fehlenden Benachteiligungsvorsatz und für die fehlende Kenntnis hiervon zu erbringen. Gemäß § 133 Abs. 2 InsO tritt also eine Beweiserleichterung ein, sofern eine nahestehende Person gem. § 138 InsO beim anfechtbaren Rechtsgeschäft beteiligt war. Dies sind vor allem enge Verwandte, Organe und Gesellschafter. Nahestehende Personen können aber auch bestimmte eng integrierte Dienstleister sein, beispielsweise der buchende Steuerberater des Schuldners (BGH, Urteil vom 15. November 2012 – IX ZR 205/11).

Die inkongruente Deckung ist als Indiz für Vorsatz und Kenntnis von besonderer Bedeutung (BGH, Urteil vom 19. September 2013 – IX ZR 4/13). Umstände, die zwingend auf eine zumindest drohende Zahlungsunfähigkeit hindeuten, genügen als Indiz für die erforderliche Kenntnis des Anfechtungsgegners (BGH, Urteil vom 5. Dezember 2013 – IX ZR 93/11). Die Beurteilung der Inkongruenz richtet sich grundsätzlich nach den Vorschriften der §§ 130, 131 InsO. Das betrifft bspw. eine Direktzahlung eines Debitors an den Kreditor auf Weisung (BGH, Urteil vom 20. Januar 2011 – IX ZR 58/10), Zahlung auf oder nach (auch angedrohte) Insolvenzanträge (BGH, Urteil vom 25. Dezember 2012 – IX ZR 117/11 – auch nach mehreren Monaten!), Zahlung auf Verbindlichkeiten Dritter ohne eigene Verpflichtung (BGH, Urteil vom 6. Januar 2012- IX ZR 3/12 sowie Urteil vom 6. Dezember 2012 – IX ZR 3/12) sowie Zahlung über Dritte mit Mitteln des Schuldners (BGH, Urteil vom 24. Oktober 2012 – IX ZR 104/13). Die Beweisanzeichen können aber auch einer einschränkenden Betrachtung zugänglich sein. Beispielsweise muss aus Anfechtungsgegnersicht die Liquidität des Schuldners mindestens zweifelhaft sein, da sonst keine Indizienwirkungen anzunehmen sind (BGH, Urteil vom 25.

Oktober 2012 – IX ZR 117/11). Bei Zahlung Dritter, also mittelbarer Zuwendung, muss für den Leistungsempfänger erkennbar sein, dass es sich um eine Leistung des Schuldners handelt (BGH, Urteil vom 9. Oktober 2009 – IX ZR 59/07). Das dürfte bei Zahlung Dritter, die selbst nicht zahlungsverpflichtet sind, der Regelfall sein.

Die Liquidität des Schuldners ist dann ein Beweisanzeichen, wenn die Zahlungsunfähigkeit mindestens droht und der Schuldner seine drohende Zahlungsunfähigkeit kennt (BGH, Beschluss vom 23. Oktober 2008 – IX ZR 115/07) und der Anfechtungsgegner Umstände kennt, aus denen sich auf die drohende Zahlungsunfähigkeit zwingend schließen lässt (BGH, Urteil vom 10. Dezember 2009 – IX ZR 128/08). Liegt also das Beweisanzeichen der Zahlungsunfähigkeit vor, kann von einem Benachteiligungsvorsatz des Schuldners und von dessen Kenntnis beim Anfechtungsgegner ausgegangen werden (BGH, Urteil vom 19. September 2013 – IX ZR 4/13). Die Kenntnis solcher Umstände, aus denen sich bei zutreffender rechtlicher Beurteilung die drohende Zahlungsunfähigkeit zwingend ergibt, genügt insofern. Ein Gläubiger muss von einer zumindest drohenden Zahlungsunfähigkeit bereits dann ausgehen, wenn die Zahlung schleppend und erst unter Druck einer angedrohten Zwangsvollstreckung erfolgt. Dabei sind die Art der Forderung, die Person des Schuldners und der Zuschnitt des Geschäftsbetriebs zu berücksichtigen (BGH, Urteil vom 19. Februar 2009 – IX ZR 62/08).

Fraglich ist, wer auf Seite des Anfechtungsgegners konkret in Person die Kenntnis besitzen muss. Ausreichend ist es, dass der maßgebliche Sachbearbeiter über die Umstände, die Indizien für die Zahlungseinstellung darstellen, im Bild war (BGH, Urteil vom 30. Juni 2011 – IX ZR 134/10). Die Kenntnis einer um Durchführung von Vollstreckungsmaßnahmen ersuchten Behörde (insbesondere des Hauptzollamtes) wird dem Vollstreckungsgläubiger zugerechnet (BGH, Urteil vom 14. Februar 2013 – IX ZR 115/12). Entscheidend kommt es auch darauf an, wann die Kenntnis vorliegt. Grundsätzlich wirkt die Kenntnis fort. Ein späterer Wegfall der Zahlungsunfähigkeit bzw. Wegfall der Kenntnis beim Anfechtungsgegner hat dieser darzulegen und zu beweisen (BGH, Urteil vom 27. März 2008 – IX ZR 98/07). Der Nachweis der Zahlungsunwilligkeit genügt dafür gerade nicht (BGH, Urteil vom 15. März 2012 – IX ZR 239/09). Auch der Abschluss einer Ratenzahlungsvereinbarung genügt jedenfalls bei einem gewerblich tätigen Schuldner ebenfalls nicht für den Wegfall der Kenntnis (BGH, Urteil vom 6. Dezember 2012 – IX ZR 3/12). Die Kenntnis von der Zahlungsunfähigkeit alleine kann selbst bei kongruenter Deckung für den Eintritt der Vermutungswirkungen ausreichen (BGH, Urteil vom 10. Januar 2013 – IX ZR 13/12). Rechtsanwälte, die auf die Vertretung von Anlegern spezialisiert waren, hatten auf der eigenen Homepage unter anderem damit geworben, die spätere Insolvenzschuldnerin (Göttinger Gruppe) sei zahlungsunfähig. Im Rahmen des später vom Insolvenzverwalter geführten

Anfechtungsprozesses wurde das entsprechend eingebracht und indiziell berücksichtigt, so dass die Kenntnisse der Prozessbevollmächtigten den Anlegern zudem zugerechnet wurden.

Beweisanzeichen gegen die Beweisanzeichen Inkongruenz und Zahlungsunfähigkeit bestehen ebenfalls. Ein solches Gegenbeweisanzeichen liegt vor, sofern der Schuldner aufgrund konkreter Umstände mit einer baldigen Überwindung der Krise rechnen konnte (BGH, Urteil vom 15. März 2012 – IX ZR 239/09 sowie Urteil vom 24. Mai 2007 – IX ZR 97/06). Geht der Anfechtungsgegner von einer umfassenden und insolvenzfesten Sicherung seiner Forderung aus, kann ebenfalls ein Gegenbeweisanzeichen vorliegen (BGH, Beschluss vom 9. Februar 2012 – IX ZR 49/11). Aktuell wird auch der Bargeschäftsgedanke aufgegriffen. Leistungen im unmittelbaren Zusammenhang mit einer Gegenleistung an den Schuldner sollen die Voraussetzungen der Vorsatzanfechtung nicht erfüllen, wenn die Abwicklung bargeschäftlich erfolgt und die vom Schuldner erlangte Leistung betriebsnotwendig ist (BGH, Urteil vom 10. Juli 2014 – IX ZR 192/13). Jüngst hat der Bundesgerichtshof allerdings eine anfechtungsrechtliche Privilegierung in solchen Fällen abgelehnt, in denen die Beteiligten zwar objektiv gleichwertige Leistungen ausgetauscht haben, jedoch wussten, dass die Gegenleistung speziell für den ohnehin nicht mehr zu rettenden Schuldner und deren Gläubiger gerade keinen angemessenen Ausgleich darstellte (BGH, 12. Februar 2015 – IX ZR 180/12). Diese Differenzierung ist sinnvoll, denn ein sachlicher Grund dafür, die Fortführung des Unternehmens der Schuldnerin unabhängig von den Fortführungsaussichten und dem Nutzen für die Gläubiger zu privilegieren, besteht nicht. Auch wenn die angefochtene Rechtshandlung im Rahmen eines den Rechtsprechungsregeln genügenden Sanierungsvorhaben erfolgte, kann die Anfechtung ausgeschlossen sein (BGH, Urteil vom 21. Februar 2013 – IX ZR 52/10).

Echte Zwangsvollstreckungsmaßnahmen schließen grundsätzlich willensgeleitete Handlungen des Schuldners aus, mithin auch die Anfechtung nach § 133 InsO (BGH, Urteil vom 24. Mai 2003 – IX ZR 169/02). Anderes kann jedoch gelten, wenn der Schuldner bei der Zwangsvollstreckung mitgewirkt hat (BGH, ebenda). Dies gilt insbesondere für Fälle von Absprachen über Ort, Zeit und Höhe einer freiwilligen Zahlung zwischen Schuldner und Vollstreckungsorgan. Gleiches gilt für die schuldnerische Mitwirkung bei der Entstehung eines Pfändungspfandrechts (BGH, Urteil vom 21. November 2013 – IX ZR 128/13). Hat der Schuldner jedoch aufgrund vorstehender Vollstreckungsmaßnahmen nur die Wahl, sofort zu leisten oder die Vollstreckung zu dulden, so ist jede Möglichkeit selbstbestimmten Handelns ausgeschlossen und damit auch eine Vorsatzanfechtung (BGH, Urteil vom 3. Februar 2011 – IX ZR 213/09). Demgegenüber ist die Hingabe eines Schecks für eine noch nicht gepfändete Banklinie als Rechtshandlung des Schuldners zu erachten (BGH, Urteil vom 19. Februar 2009 – IX ZR 22/07). Gleiches gilt für Teilzahlungen nach zuvor fruchtlos erfolgter Zwangsvollstreckung (BGH, Urteil vom 10. Dezember 2009 – IX ZR 128/09). Mit Einführung von § 802b Abs. 2 ZPO ist der Gläubiger jedoch frei darin, im Rahmen der Zwangsvollstreckung Zahlungsvereinbarungen auszuschließen. Erfolgt die Pfändung eines debitorischen Kontos, so stellt das Abrufen der Kreditmittel durch den Schuldner als Kontoinhaber dessen anfechtbare Rechtshandlung dar (BGH, Urteil vom 9. Juli 2011 – IX ZR 179/08). Mit der zuvor erfolgten Zustellung des Pfändungs- und Überweisungsbeschlusses entsteht noch kein Pfändungspfandrecht am Auszahlungsanspruch des Schuldners, da das Abrufrecht der Kreditmittel nicht pfändbar ist. Bei der Pfändung eines kreditorischen Schuldnerkontos und damit Pfändung eines vorhandenen Bankguthabens liegt folglich keine Rechtshandlung des Schuldners vor (BGH, Urteil vom 9. Juli 2011 – IX ZR 179/08), da es an einer Handlung des Schuldners mangelt. Etwas anderes gilt nur dann, wenn der Schuldner bei der Entstehung des Pfandrechts ausnahmsweise auf andere Art mitgewirkt hat (BGH, Urteil vom 21. November 2013 – IX ZR 128/13). Die Pfändung eines künftigen Bankguthabens wird mit Geldeingang auf dem Konto gem. § 140 InsO wirksam (BGH, Urteil vom 20. März 2003 – IX ZR 166/02). Folglich ist bei Geldeingang in der Krise eine Deckungsanfechtung möglich, außerhalb der Krise die Vorsatzanfechtung, sofern eine Rechtshandlung des Schuldners gegeben ist, insbesondere das Werthaltigmachen einer Forderung (BGH, Urteil vom 30. Juni 2011 – IX ZR 155/08). Ein Werthaltigmachen kann insbesondere durch Übergabe des Kaufgegenstandes (BGH, Urteil vom 29. November 2007 – IX ZR 30/07) sowie durch Erbringung von Leistungen, u. a. durch Arbeitnehmer des Schuldners (BGH, Urteil vom 26. Juni 2008 – IX ZR 144/05), erfolgen.

Typische Konstellationen bei bestimmten Anfechtungsgegnern

4

4.1 Kreditinstitute als Anfechtungsgegner

Es wird diskutiert, ob eine Kontokorrentanfechtung gegenüber Kreditinstituten möglich ist. Eine Anfechtung im Kontokorrent ist dem Grunde nach auf den Drei-Monats-Zeitraum beschränkt. Es sind aber Tendenzen feststellbar, dass der § 133 InsO in die Überlegungen mit einbezogen wird, was beispielsweise bei der Lastschriftenanfechtung (BGH, Urteil vom 29. September 2011 – IX ZR 202/10) sowie für das Werthaltigmachen (BGH, Urteil vom 30. Juni 2011 – IX ZR 155/08) gilt. Vereinzelt wird der Ansatz weiter verfolgt.[1] Ansatzpunkt hierfür ist, dass die Überweisung des Schuldners an einen Dritten als eine gegen den Zahlungsmittler anfechtbare Schuldnerhandlung angesehen wird. Die Argumentation lässt sich zwar dem Grunde nach hören, jedoch nur bei solchen Fällen, bei denen das Kreditinstitut über die Zahlstellenfunktion hinausgeht und aktiv Einfluss nimmt (BGH, Urteil vom 24. Januar 2013 – IX ZR 11/12). Insbesondere ein zwischen dem Schuldner und dem Kreditinstitut abgestimmtes Zahlungsverhalten oder die selektive Ausführung schuldnerischer Zahlungsaufträge sind als problematisch anzusehen.

Für Kreditinstitute ebenfalls relevant sind anfechtbare Handlungen im Zusammenhang mit Sicherheitenbestellungen. Grundsätzlich lässt das Bestehen von Sicherheiten die objektive Gläubigerbenachteiligung eines (insbesondere Verwertungs-) Vorgangs entfallen. Somit ist die Rückführung eines Kontokorrentrahmens bei Globalzession dem Grunde nach nicht anfechtbar, außer die Sicherheitenbestellung selbst wäre angreifbar. Die Abgrenzung zwischen kongruenten und inkongruenten Sicherheitenbestellung spielt insofern eine große Rolle, als die Inkongruenz ein starkes Beweisanzeichen für die subjektiven Voraussetzungen des § 133 InsO darstellt. Eine nachträgliche Besicherung bereits bestehender Verbind-

---

[1] Kirstein, ZInsO 2012, 709 ff.

© Springer Fachmedien Wiesbaden 2015
T. Hirte, K. Kiesel, *Vorsatzanfechtung*, essentials,
DOI 10.1007/978-3-658-10173-2_4

lichkeiten ist grundsätzlich inkongruent, auch wenn ein vertraglicher Anspruch auf Nachbesicherung besteht und wenn neue Darlehensmittel ausgereicht werden (BGH, Urteil vom 18. März 2010 – IX ZR 57/09 sowie Urteil vom 13. Juli 2013 – IX ZR 219/11). Bei der Beurteilung der Anfechtbarkeit nach § 133 InsO ist die Bestellung und Entstehung der Sicherheit von Bedeutung, wobei die zeitliche Einordnung gem. § 140 InsO eine große Rolle spielt. So entsteht die Sicherheit für ein Mietverhältnisses (Bürgschaft, Kaution) mit Beginn des Nutzungszeitraums, Forderungen aus Lieferungen und Leistungen mit dem Vertragsabschluss und das Vermieterpfandrecht durch Einbringen des Gegenstandes.

Bei Sicherheitenbestellung für Alt- und Neuforderungen ist zu unterscheiden. Ist die Hereinnahme neuer Sicherheiten ausschließlich verknüpft mit der Ausgabe neuer Darlehen (Fresh Money), ohne dass die Altverbindlichkeiten zugleich mitbesichert werden, ist die Anfechtung regelmäßig ausgeschlossen (BGH, Urteil vom 8. September 2011 – IX ZR 57/08). Bei einer gestufte Besicherung ist wohl in Bezug auf das vorrangig zu sichernde Neudarlehen die Anfechtung ausgeschlossen. Wird dies nicht beachtet und werden Alt- und Neudarlehen gleichrangig besichert, dürfte eine Anfechtung der dann insgesamt inkongruenten Besicherung, also auch für die neuen Darlehen, möglich sein. Eine Anfechtung scheidet außerdem dann aus, wenn die Sicherheitenbestellung zwar nachträglich, aber zeitnah zur Vereinbarung der Sicherheit und zur Darlehensauszahlung durchgeführt wird. Für eine nachhaltige Erlangung der Sicherheitenposition ist die unverzügliche Anzeige der Verpfändung bzw. die Stellung der Eintragungsanträge zu empfehlen, § 140 InsO. Die Rechtzeitigkeit hindert dann aufgrund der Anwendung des Bargeschäftsgedankens regelmäßig die Annahme des Benachteiligungsvorsatzes (BGH, Urteil vom 10. Juli 2014 – IX ZR 192/13). Wichtig ist darüber hinaus, dass die Vermutungswirkung der Inkongruenz nur bei Zweifeln an der Liquiditätslage greift. Eine entsprechende gegenteilige Dokumentation der Liquiditätslage kann das Beweisanzeichen mithin negieren (BGH, Urteil vom 7. November 2013 – IX ZR 248/12).

Bei Sanierungs- und Überbrückungskrediten liegt im Regelfall drohende Zahlungsunfähigkeit und damit ein Beweisanzeichen für die subjektiven Voraussetzungen des § 133 InsO vor. In Sanierungssituationen können die Beweisanzeichen und Indizien dadurch entkräftet werden, dass ein objektiv erfolgversprechender Sanierungsversuch vorliegt. Das bedeutet, dass bei den Beteiligten ein Sanierungswille vorliegt (bloße Hoffnung genügt keinesfalls), das Sanierungskonzept schlüssig ist, von den tatsächlichen Gegebenheiten ausgeht sowie die angefangene Umsetzung des Konzepts, sofern dieses Konzept ernsthafte Erfolgsaussichten hat (BGH, Urteil vom 8. Dezember 2011 – IX ZR 156/09). Deshalb ist regelmäßig ein Sanierungsgutachten erforderlich. Dieses muss nicht zwingend dem IDW-S6-Standard entsprechen. Auch ist es nicht zwingend erforderlich, dass mit allen Gläubigern eine Einigung beabsichtigt ist.

Besonderheiten gelten bei Poolsicherheiten. Ist nur der Poolführer dinglich berechtigt und besteht daneben für die anderen Poolmitglieder lediglich eine Treuhandabrede, haben die anderen keine dingliche Rechtsposition. Eine Erlösauskehr führt daher evtl. zur Gläubigerbenachteiligung (BGH, Urteil vom 2. Juni 2005 – IX ZR 181/03). Wird der Zahlungsverkehr jedoch zentral über den Poolführer abgewickelt und erfolgt intern lediglich ein Ausgleich zwischen den Poolmitgliedern, so besteht regelmäßig keine Gläubigerbenachteiligung. Fest steht auch, dass die Erweiterung der Grundschuldzweckerklärung auf das Kreditinstitut Zug um Zug gegen Darlehensauszahlung die Gläubigerbenachteiligung ebenfalls nicht begründen kann (BGH, Urteil vom 21. Februar 2008 – IX ZR 255/06). Problematisch ist eine Verpfändung bzw. Abtretung von Tagessalden bei der Poolführerin. Die Verpfändung von Kontokorrentabschlusssalden kann die Anfechtbarkeit nicht in jedem Fall wirksam ausschließen, da das Pfandrecht mit Erstellung des Abschlusssaldos entsteht (BGH, Urteil vom 18. März 2010 – IX ZR 111/08).

4.2 Öffentlich-rechtliche Institutionen als Anfechtungsgegner

Ein institutioneller Gläubiger muss damit rechnen, dass im Rahmen eines laufenden Geschäftsbetriebs weitere Gläubiger mit offenen Forderungen vorhanden sind, die ebenfalls bedient werden. Damit greift die Vermutungswirkung gem. § 133 Abs. 1 S. 2 InsO (BGH, Urteil vom 15. März 2012 – IX ZR 239/09). Bereits aufgrund der regelmäßigen Meldung für Sozialversicherungsbeiträge, Steuern, Berufsgenossenschaftsbeiträge usw. ist öffentlich-rechtlichen Gläubigern bekannt, dass ein laufender Geschäftsbetrieb existiert. Kenntnisse eines Sachbearbeiters über Umstände, die Indizien für Zahlungseinstellung darstellen, werden dem Anfechtungsgegner insgesamt zugerechnet. Das gilt auch für an anfechtungsrelevanten Handlungen nicht beteiligte Abteilungen, wenn eine aufgabenbezogene Handlungs- und Informationseinheit angenommen werden kann (BGH, Urteil vom 30. Juni 2011 – IX ZR 134/10). Liegt eine aufgabenbezogene Handlungs- und Informationseinheit vor, ist das gesamte rechtserhebliche Wissen der einbezogenen Behörde zurechenbar, auch das Wissen über den Benachteiligungsvorsatz zum Zeitpunkt des § 140 InsO. Die Möglichkeit zur Wissensbeschaffung genügt insofern, auch wenn tatsächlich die Kenntniserlangung erst später, beispielweise im Prozess erfolgt (BGH, Urteil vom 26. Juni 2014 – IX ZR 200/12). Das ist anzunehmen, wenn beispielsweise der Fiskus mit Abgabenforderungen gegen den Schuldner aufrechnet und dieser Ansprüche aus Werklohn hat.

Führt die Zwangsvollstreckungsmaßnahme eine ersuchende Behörde durch, also im Regelfall das Hauptzollamt, wird dem Vollstreckungsgläubiger dessen Kenntnis zugerechnet. Gleiches gilt für die Kenntnis des eigenen Vollstreckungsorgans. Anderes gilt jedoch dann, wenn über einen Gerichtsvollzieher zwangsvollstreckt wird. Dessen Kenntnis wird dem Vollstreckungsgläubiger grundsätzlich nicht zugerechnet (BGH, Urteil vom 14. Februar 2013 – IX ZR 115/12).

Bei öffentlich-rechtlichen Gläubigern wird die Kenntnis von einer Zahlungseinstellung bereits dann angenommen, wenn Rückstände mit den Abgaben bestehen. Diese Rückstände haben bereits etwaige straf- und haftungsbewehrte Folgen. Jedenfalls wenn über einen Zeitraum von 10 Monaten immer mit drei bis vier Wochen Verspätung bezahlt wird, muss ein Sozialversicherungsträger jedoch nicht zwingend auf eine Zahlungseinstellung schließen müssen (BGH, Urteil vom 7. November 2013 – IX ZR 49/13). Im Hinblick auf die Rechtsfolgen der Insolvenzanfechtung lässt sich feststellen, dass die Vollstreckungskosten einer Krankenkasse, die über das Hauptzollamt mit vollstreckt werden, von der Kasse nicht zu erstatten sind. Erstattungspflichtig ist das Hauptzollamt selbst, was jedoch nicht bei Vollstreckung über den Gerichtsvollzieher gilt (BGH, Urteil vom 29. März 2012 – IX ZR 26/10 sowie Urteil vom 12. Februar 2004 – IX ZR 70/03). Mögliche Besonderheiten gelten bei der Verzinsungspflicht bis zur Insolvenzeröffnung beim Fiskus (BGH, Urteil vom 24. Mai 2012 – IX ZR 125/11).

4.3 Berater als Anfechtungsgegner

Berater, insbesondere Steuerberater, können als nahestehende Personen im Sinne des § 138 InsO anzusehen sein, so dass eine Anfechtung gem. § 133 Abs. 2 InsO möglich ist. Dafür müssen dem Anfechtungsgegner allerdings üblicherweise im normalen Geschäftsgang erhebliche Daten über die wirtschaftliche Lage des Schuldners zufließen. Daraus hat ein Wissensvorsprung zu folgen, den sonst ein mit der Aufgabe befasster leitender Angestellter des schuldnerischen Unternehmens hätte. Das gilt nicht, wenn zum maßgeblichen Zeitpunkt der Zufluss von Informationen (Beispiel Buchhaltungsunterlagen) länger als drei Monate stockte (BGH, Urteil vom 15. November 2012 – IX ZR 205/11). Bei Einsatz von Beratern als Treuhänder kommt ebenfalls eine Anfechtung in Betracht. Ein uneigennütziger Treuhänder, der anfechtbar erlangte Gelder des Schuldners weisungsgemäß an Gläubiger auszahlte, kann zum Wertersatz selbst verpflichtet sein, ohne sich auf den Wegfall der Bereicherung berufen zu können (BGH, Urteil vom 26. April 2012 – IX ZR 74/11). Bereits die Einzahlung von Geldern des Schuldners auf ein Treuhandkonto ist dann gläubigerbenachteiligend. Auch die Deckungsanfechtung gegenüber dem Insolvenzgläubiger und Zahlungsempfänger schließt die Vorsatzanfechtung gegen den Treuhänder nicht aus. Wirkt ein Berater also bei gläubigerbenachteiligenden Handlungen mit, geht er über die Zahlstellenfunktion hinaus und vertritt Eigen- bzw. Fremdinteressen. Umgekehrt setzt die Vorsatzanfechtung gegenüber dem Leistungsmittler nicht die Anfechtbarkeit gegenüber dem Leistungsempfänger voraus, auch wenn die Kenntnis von der Zahlungsunfähigkeit alleine für dessen Kenntnis vom Benachteiligungsvorsatz nicht genügt (BGH, Urteil vom 24. Januar 2013 – IX ZR 11/12). Eine Anfechtung gegenüber einem zweiten Leistungsmittler ist denkbar, der nicht nur Zahlstellenfunktion innehat, sondern eigenen Handlungsspielraum besitzt (BGH, Urteil vom 25. April 2013 – IX ZR 235/12).

4.4 Energieversorger als Anfechtungsgegner

Auf Energieversorgungsunternehmen sind die bekannten Grundsätze anwendbar. Die tatsächlichen Umstände erleichtern jedoch die Vorsatzanfechtung, denn Zahlungen an Energielieferunternehmen sind für den Schuldner im Regelfall existenziell. Deshalb bilden erhebliche Rückstände ein starkes Indiz für die Zahlungseinstellung, beispielsweise bei der Insolvenz einer Großbäckerei (BGH, Urteil vom 18. Juli 2013 – IX ZR 143/12). Entsendet der Lieferant einen Sperrkassierer, so wird dessen Kenntnis dem Versorger zugerechnet (BGH, Urteil vom 8. Oktober 2009 – IX ZR 173/07). Zahlungen an diesen Kassierer sind Rechtshandlungen des Schuldners, da keine hoheitliche Vollstreckung vorliegt, sondern lediglich tatsächlicher Druck durch die drohende Liefersperre.

4.5 Angehörige als Anfechtungsgegner

Zu § 3 Abs. 1 Satz 1 AnfG hat der BGH mit Urteil vom 10. Juli 2014 – IX ZR 50/12 entschieden, dass neben der indiziellen Bedeutung der Inkongruenz des Deckungsgeschäfts bei gleichzeitig beengten finanziellen Verhältnissen (vgl. BGH, Urteil vom 7. November 2013 – IX ZR 248/12) der Eintritt einer unmittelbaren Gläubigerbenachteiligung und das besondere Ausmaß der Beeinträchtigung indizielle Wirkung haben (vgl. BGH, Urteil vom 4. Dezember 1997 – IX ZR 47/97). Gewichtiger Anhaltspunkt kann insofern sein, dass der Schuldner sein letztes werthaltiges Grundstück auf einen Dritten überträgt, wobei dieses Beweisanzeichen durch ein Näheverhältnis zwischen Schuldner und dem Begünstigten, also insbesondere ein verwandtschaftliches Verhältnis, noch verstärkt wird (BGH, Urteil vom 10. Juli 2014, ebd.).

Schluss 5

Es bleibt spannend. Auf der einen Seite werden die Interessenverbände weiter daran arbeiten, die Regelung des § 133 InsO zu verkürzen. Sie verfolgen das Ziel, die Anfechtungsmöglichkeiten (deutlich) einzuschränken. Hierzu ist von der politischen Seite her weiter damit zu rechnen, dass diese Interessen unterstützt werden. Ob (jedenfalls in absehbarer Zeit) Änderungen tatsächlich umgesetzt werden, kann nicht mit Gewissheit festgestellt werden. Auf der anderen Seite wird die gefestigte höchstrichterliche Rechtsprechung eine weitere Entwicklung nehmen. Die neuerlichen Tendenzen bei der tatrichterlichen Gesamtbetrachtung gemäß § 286 ZPO im Hinblick auf den bargeschäftsähnlichen Charakter weisen insofern den Weg. Es wird zu beobachten sein, welchen Weg die Entwicklungen nehmen werden.

© Springer Fachmedien Wiesbaden 2015   25
T. Hirte, K. Kiesel, *Vorsatzanfechtung,* essentials,
DOI 10.1007/978-3-658-10173-2_5

Literatur

Kirstein, Kreditinstitute als Anfechtungsgegner – ein Überblick, ZInsO 2014, 1921 ff.
Kreft, Die Gläubigerbenachteiligung – eine unterschätzte Anfechtungsvoraussetzung?, KTS 2012, 405 ff.

Folgende Literatur kann zur Vertiefung herangezogen werden

BMF, Schreiben zu umsatzsteuerrechtlichen Leistungsbeziehungen bei der Verwertung von Sicherungsgut im Insolvenzverfahren vom 30. April 2014 – IV D 2 – S 7100/07/10037, NZI 2014, 600 ff.
Bork, Bankenhaftung wegen Durchsetzung eines konkreten Sanierungsberaters?, WM 2014, 1841 ff.
Foerste, Zum Ausschluss der Vorsatzanfechtung (§ 133 InsO) bei „bargeschäftsähnlicher Lage", WM 2014, 1213 ff.
Ganter, Die Anforderungen der höchstrichterlichen Rechtsprechung an eine zuverlässige Fortführungsprognose bei der Sanierungsprüfung, NZI 2014, 673 ff.
Hagemann, Ausschluss des § 133 InsO bei Sanierungsmaßnahmen, NZI 2014, 210 ff.
Haunhorst, Die sogenannte Kontoleihe – eine Gefälligkeit mit Risiken und Nebenwirkungen!, DSTR 2014, 1451 ff.
Jäger, Anfechtung und Aufrechnung bei Insolvenz des Abgabenschuldners in der Rechtsprechung des BFH, ZinsO 2014, 1353 ff.
Jungclaus/Keller, Der Referententnwurf des BMJV für ein Gesetz zur Reform des Anfechtungsrechts, NZI 2015, 297 ff.
Kaiser, Neuregelung der insolvenzrechtlichen Vorsatzanfechtung, DSTR-KR 2014, 25 ff.
Klusmeier, Rückstellung für eine Inanspruchnahme nach § 133 InsO – eine zwingende Folge der Rechtsprechung des BGH, DSTR 2014, 2056 ff.
Lakies, Insolvenzanfechtung von Lohnzahlungen, Arbeitsrecht aktuell 2014, 553 ff.
Rein, Insolvenzanfechtung der Zahlung einer Geldstrafe, NJW-Spezial 2014, 661
Schmittmann, Steuerrechtliche Folgen einer Insolvenzanfechtung, NZI 2014, 638 ff.
Trams, Ausufernder Anwendungsbereich der Vorsatzanfechtung?, NJW-Spezial 2014, 597 ff.
Urlaub/Kamp, Die Vermeidung der Bankenhaftung bei der Vergabe von Sanierungskrediten, ZIP 2014, 1465 ff.

© Springer Fachmedien Wiesbaden 2015
T. Hirte, K. Kiesel, *Vorsatzanfechtung*, essentials,
DOI 10.1007/978-3-658-10173-2